Cúram File:

Clann, Comhluadar, Creideamh

Cúram File:

Clann, Comhluadar, Creideamh

Ciarán Ó Coigligh

Foilseacháin Ábhair Spioradálta
Baile Átha Cliath

An chéad chló 2004
© Ciarán Ó Coigligh

Ghnóthaigh In memoriam M.F. Uí Chonchúir duais
i gComórtas Idirnáisiúnta Filíochta na bliana 1999.

Bord na
Leabhar
Gaeilge

Tá Foilseacháin Ábhair Spioradálta buíoch de
Bhord na Leabhar Gaeilge as tacaíocht airgid
a thabhairt dóibh.

Clóchur agus Clúdach: Daire Ó Beaglaoich, Graftrónaic
Clódóirí: Johnswood Press
ISBN 0-9547248-0-1

Do Mháirín, d'Úna,
do Shorcha agus do Chóilín

Leis an Údar

Filíocht Ghaeilge Phádraig Mhic Phiarais
Caitlín Maude: Dánta
Noda
An Ghaeilge i mBaile Átha Cliath
Doineann agus Uair Bhreá
Cuisle na hÉigse
Raiftearaí: Amhráin agus Dánta
An Fhilíocht Chomhaimseartha
Broken English agus Dánta Eile
Mangarae Aistí Litríochta agus Teanga
Caitlín Maude: Drámaíocht agus Prós
An Odaisé
Seanchas Inis Meáin
An Troigh ar an Tairne agus Scéalta Eile
Duibhlinn
Cion
An Fhealsúnacht agus an tSíceolaíocht
Vailintín
Cín Lae 1994
An Choiméide Dhiaga
Slán le Luimneach
Léarscáil Inis Meáin
A Layman's Liturgical Year and Other Poems

Clár

Lá Fhéile Vailintín

Cumtar
dán
faoi dheifir.

Santaítear gile lae,
seachnaítear duibhe ré.

Cumtar
dán
faoi dheifir.

Seachnaítear easpa prae,
santaítear beannacht Dé.

Cumtar
dán
faoi phráinn.

Santaítear póg cheana,
seachnaítear dubh leanna.

14 Feabhra 1992

Epithalamium

(D'Íte Ní Chionnaith agus do Sheán Mac Mathúna)

Is iad Íte agus Seán na caoifigh le haoibhneas gan cháim,
is guímse orthu sláinte de shíor agus suaimhneas dá
gclann;
i bhfianaise a gcairde a chinntíos gur dílse iad go brách,
shnaidhm siad a ngrásan i gcaoine is i míne go teann.

Guím rath ar bhur saol
is gean ar bhur gcéill,
nár laga bhur ngaol
go lasa bhur réalt'.

Déanann fear is bean fómhar
le cúnamh clann is comharsan;
Seán is Íte faoi chuing an phósta,
suairc iad Gaeil ar fud na Fódla.

6 Lúnasa 1992

Meaití

(*I gcuimhne ar Mheaití Ó Néill. Requiescat in pace.*)

Shéid tú stoc na beatha:
beatha gine
beatha duine
beatha clainne
beatha dúiche
beatha tíre
beatha cine.

Shéid tú stoc an rabhaidh:
cosaint na córa
díbirt éagóra.

Shéid tú stoc na huaisleachta:
údar mórtais
cúis onóra.

3 Eanáir 1993

50

(*D'Anna Sheán Pheaidí*)

Gealann lá ar nós i gcónaí
ar chothrom leathchéad bliain do bhreithe.
Cuirtear gnóthaí leamha na beatha i gcrích
gan aird ar chlochmhíle do bheo féin.
Síothlaíonn seanduine tar éis coraintín fhada,
sáraíonn leainbhín teolaíocht na broinne,
déantar gar is déantar feall os íseal,
ar shlí chráite na bréige.
Bíodh do bheo go deo faoi shéan
ag déanamh lóchrainn ar feadh róidín an tsaoil
go lonraí orainn an ghile shíor.
Gealann lá ar nós i gcónaí.

Síth Éireann

(*Soinéad*)

Casann roth síor beatha is cuirtear cor nua
i saol cine a chleacht leatrom is fíorchrá
is a ghnóthaíos in ainneoin gach masla bua
ar chlann an doichill bhig le neart-teann grá.
Damhsaíonn grian lonrach ar loch, ghleann is shliabh –
dóchas síor an duine mar oidhe faoi dheoidh –
is dearbhaíonn dán duais a seachnaíodh riamh:
gur cinniúint dúinn bás mar oidhre ar an mbeo.
Nár dhúna Dia súil ar chliseadh ná bhris
ach go neartaí sé an té is boige breith,
fásadh pabhsaer cumhra án seachas dris
is bíodh gan aon faoi shó ina shuí go te.
Go mbeannaí an chaoindiacht ár ndúiche is ár ré,
Suitear síth Éireann abhus is ríocht Dé.

Alan Biddle

(Requiescat in pace)

Comóram
cuimhne
na caoine
nach caoineadh
ach rosca
buíochais
do Rí na hAoine
as talann Alan
file na míne.

11 Nollaig 1994

Máirtín Mhaidhcil

(Requiescat in pace)

D'iompair tú ualach na beatha seo go socair laethúil sásta
gan fuasaoid gan ceasacht, is ghlac go réidh
le toil na ngrásta.
Dheasaigh tú tithe, agus réitigh agus chuir tú
an talamh gan vásta
is tharraing na líonta gan cian a bheathaigh
an comhluadar fásta.

D'insíodh ar ócáid scéal barrúil is thúsaíodh damhsa
is ceol
Go mbogadh is go leádh gach crá le neart-teann cainte
is óil.
Thug dúshlán na toinne le curach an iomartha
is báidín seoil
Is i lár an spraoi bhíodh 'Dia trócaire' mar ghuí
ar do bheol.

Tá na líonta tarraingthe is an éadáil as cuimse ar fónamh
Is Mac an Duine ag Ceann na Slipe ag tairiscint cúnaimh
D'fhear curaí is talún a rinne a chion le gean is múineadh
Go socraí Sé áitín ag cabhantar na bhflaitheas
go buan dó.

Lá Fhéile Vailintín 1995

7

In memoriam Becky Little

(+ 4 *Eanáir 1996*)

Maireann do chloigeann catach is fíneáilteacht as cuimse
do chraicinn is loinnir spraoiúil do shúl.

Maireann fuinneamh is spreac is brí do lámh, do chos
is a liacht sin ní a shantaigh do chroí faoi Rí na nDúl.

Maireann an tart feasa is eolais is tuisceana
is fionnachtana
ba ghnách is ba dhual do do chroí spleodrach a chur
in iúl.

Go maire tú buan i bhfochair an Uain is go gcloisir
iomann ciúin
ag moladh an Athar, an Mhic is an Spioraid go cuí,
sin mo shúil.

Naomh Mearnóg, Cumann Lúthchleas Gael

(comóradh bliain is fiche a bhunaithe)

Aithris chóir mo dhán ar stair is lúthchleasa
Gael a d'fhás i bhFine Gall an fheasa –
dúchas, iasacht – meascán fíor gan geasa.

An tús faoi cheilt ag scamall ceoch na staire –
bíodh éachtaí pheil na dtríochaidí ar d'aire:
Buachan Chraobh na Sóisear – saol ag faire!

Scaip na gaiscígh is d'imigh an club i léig –
drochshaol faoi deara an t-éag, is ní hea gur thréig
an fhís ná an aisling – ghealfadh lá gan bhréig.

Athghabháil Gael ar Fhine Gall ar deireadh
sna seascaidí subhacha a d'fhág ár gcine ar teile.
B'ann don fhás in ainneoin ár na speile

a d'fhág fathaigh thús na ré ina sraith ar lár.
Thúsaigh foirne d'óg is do shean thar barr
is dhaingnigh peil is camán go buan ar chlár

na himeartha, is luaitear camógaíocht, ar ndóigh.
Sé fhoireann ban, is trí cinn fhichead gan gó
d'fhoirne fear is gairim a ngníomh go deo.

Bliain a seachtó a cúig a scairt an ghrian athuair,
tar éis ghaisce Bhaile Átha Cliath (nach miste a lua!),
deich n-acra a ceannaíodh is forbraíodh iad go crua.

Céad is fiche de mhílte – fiacha a glanadh
in achar gearr is b'iomaí stéibh a canadh
ag cóisir is ag ceolta ar thug muid dóibh ár mbeannú.

Ionad Caidrimh an gad is gaire don scornach,
cois trá is ar thalamh an Phoirt nach bog is nach
boirneach.
Is nuair a thógfar sin is ea a chloisfear toirneach

ó lucht leanúna an Duibh is an Ómra chaoin
le barrómós do Mhac Shéamais, seantiarna grinn,
a thóg dúinn scoil le pínn an fuisce mhín.

Is é deireadh m'amhráin moladh tréan an Scóir:
coimhlint chóir nach dual di an t-éad ná an tóir
ar ghaisce ach onóir mhór chaomhúint an stóir –

teanga is siamsa is clú do shean is d'óg.
Is é an cuthach is dual go gcaitear leathar bróg
ag spreagadh an dúchais chóir i bPort Mearnóg.

Is i gCluain Tarbh a cumadh, ar an 3ú lá d'Fheabhra,
Aois ár dTiarna, naoi déag nócha a sé.

Triúr Vailintín

Is í Máirín mhín mo leannán caoin,
is í Úna chiúin mo chailín rúin,
is í Sorcha dhorcha mo leainbhín grinn –
gach Vailintín buan go Lá an Luain.

Lá Fhéile Vailintín 1996

Aithne na gCúig Bliana Déag

*(Do Mháirín Mhaidhcil ar Chothrom a Lae Beirthe,
Lá Fhéil Muire san Earrach, 1996)*

An cuimhin leat nuair a casadh ar a chéile muid
gur labhair mé leat go lách?
An cuimhin leat a liachtaí béile breá a réitigh tú dom
is a d'fhág mé go sách?

An cuimhin leat nuair a chuir muid aithne ar a chéile
gur gheall muid ár ngrá go brách?
An cuimhin leat gur dhearbhaigh muid buanseasmhacht,
ugach, cion, is dílse, in ainneoin cách?

An cuimhin leat gur dheise liom a bheith leat is leat
a bheith liom ná an saol brách?
An cuimhin leat gur thiontaigh tú cáca tur is minéigle
mo shaoil ina gcomaoineach bheannaithe
is ina mbláthach?

An cuimhin leat nuair a bronnadh orainn Úna is Sorcha
gurb shin corn na bhfuíoll thar maoil go hádhach?
Go gcuimhní muid gur fúinn atá i bhfochair Dé míorúilt
ár n-aontís a fhuineadh as an eachtra ghnách.

Cré na mBeo

*(Do Bhríd Ní Neachtain in ómós a gaisce i bpáirt Chaitríona
Pháidín agus dá comhaisteoirí uilig a ghlac páirt i gCré
na Cille a léiríodh i Halla Naomh Eoin,
Inis Meáin ar an 27 Márta 1996.)*

Ní bás ná lobhadh ná éag ná dreo
is dán dár gcine caoin go deo
ó d'fhuin bhur ndámh as daonnacht seó
a d'adhain i gcill an dearmaid reo
le tuiscint ghrinn is le géarchúis bheo
spréach an fheasa is milse teo
gur slán dár ndúchas buan gan gó

28 Márta 1996

Tigh Chonghaile

(*Do Phádraig, do Vilma agus d'Áine Máire*)

Gabh i leith isteach is lig do scíth
is bíodh leaba agat féin ar feadh na hoíche
le togha an bhia is le rogha na dí.
Beidh caint is craic is ceol is spraoi
ag gach uile dhuine ar gach uile chaoi
ó éireos an mhaidin go dtitfidh an oíche.

Domhnach Cásca 1996

Dán Pósta

(d'Anne Marie agus do Dharach)

Fáiscigí oraibh cuing an phósta
nach cuing ach cumhdach caoin bhur ndílseachta,
bhur n-oidhreachta, bhur ndúthrachta, is bhur ndóchais.

In áit an scaoilte, cuirigí snaidhm, is ceangal cóir
i gcaitheamh bhur saoil, más fada gearr, más mil,
más millteanas,
is fágaigí ag sliocht bhur sleachta uacht is saibhre
ná iomad stóir.

4 Iúil 1996

Cuimhneamh Míosa

(I gcuimhne ar Mhóna Bean Mhic Lochlainn. Requiescat in pace.)

Ní raibh ionat ach na cnámha, don té nach mbeadh
    aithne aige ort,
  is tú ag caolú trí ghnás laethúil d'íobartha.
Ní raibh ionat ach gnáthbhean, don té nach mbeadh
    aithne aige ort,
  is tú i láthair go múinte modhúil cúirtéiseach dínitiúil.

Don té a mbeadh aithne aige ort, na seacht n-aithne,
    na deich n-aithne,
  ba tú bean choinnithe na haithne móire: grá a thabhairt
    do Dhia is do dhuine.
Don té a mbeadh aithne aige ort, na seacht n-aithne,
    na deich n-aithne,
  ba tú bean choinnithe na clainne móire: idir mhic
    is iníonacha, sméar mhullaigh an chine.

Tuigeann tú go binn anois ár locht is ár laige gan folach
    ár náire faoin gcrann fige,
  is tuigeann muidne go mba tusa an duine ba ghaire
    do Mhuire a ghlac leis an gcuireadh
  freastal is fónamh do Dhia i gcáilíocht buime, gan ceist,
    gan casaoid, gan cad chuige,
  nuair a ghairm an tAthair Síoraí chuige do chaoifeach
    Piaras, arb é go fíor, scoth an chine.

Damhsaíodh an bheirt agaibh ríl anocht i bhfochair
Anne Marie agus Dharaigh,
is casaigí port ar bhuabhall Dé go gcruinní muid uilig
i láthair na cille,
bíodh siamsa is spórt go dtiocfaidh an lá is go ndéantar
den strainséara buanchara.
Meabhraigh do Dhia is dá mháthair Muire gurb é mian
na gcaorach fuaid seo filleadh.

4 Iúil 1996

Lá na Máithreacha

Céard a deirtear le máithreacha?

Deirimse 'mam',
deirirse 'mamaí',
deir seisean 'maime',
deir sise 'maimí',

ach gairmimid ar fad ár MÁTHAIR!

Tabhair am do mham!

Gairim gean gach máthar –
dual dóibh póg iníne is mic,
céile, is siúrach is bráthar!

Gura sármháthair gach máthair!

Is í Éire máthair na nGael
agus is í an Ghaeilge an mháthairtheanga!

Má labhraíonn Mná na hÉireann Gaeilge
beidh an mháthairtheanga in áit an Bhéarla!

Bíodh Lá Deas agat, a Mham!

Bíodh Lá Deas Agat, a Mham!
Have a Nice Day, Mam!

In anam an athar,
an mhic is na hiníne
a mhuirnítear ainm na MÁTHAR.

Próiseas na Foghlama

(*In memoriam Barrie Heffernan* + 5 Nollaig 1996)

Muidne na múinteoirí meata modartha
meicniúla modhúla gan séan –
loic muid ort i ngort na héigse is cheil ár gcleacht,
mo léan.

Níor lig muid leat ár laige, ár gcrá, ár dtóir ar éalú síor
ó chráiteacht is chraos is chradhscal is chointinn
is eolas fíor.

Níor luaigh muid leat gur lag gan lúth ár ndícheall
lenár linn
is gur ciontach ciúin nuair a chlingeas clog nach binn.

Buail bleid ar Dhia Saoi agus Lia a leigheasfas
gach uile chrá,
Gan frapa gan taca, gan drogall dá laghad
is gan fiafraí cén fáth

Gur dona dícheall droinge is airde léann fónamh
do chara i bpéin
is gur dual dó siúd is don chine daonna caipín geal
an tséin.

11 Nollaig 1996 – 13 Eanáir 1997

Rosangela Barone

Ruthag fuinte daonna,
ollamh le gach uile dhán,
siúr go dearbh críonna!
Aislingeoir, físí is bean gnímh mhóir
nach túisce aici smaoineamh ná beart i gcrích.
Gnaíúlacht, féile is suáilceas cóir –
eiriceacht ní chleachtann ná an buille cam,
léi an duais ar bhantracht Eorpach,
a mian go raibh aici is a cumhdach go teann.

Brídeog chaoin na hinsce is áin linn
a chleachtadh in ainneoin ghnás an tsaoil;
ríon nach dual di boirbe an cháinte,
obann chun féile is mall chun feirge.
Ní cás léi cáil ná clú ná ór
eo fis ghil nach gcothaíonn deirge.

7 Eanáir 1997 & 26 Feabhra 1998

Pearse Hutchinson

Duibhlinn

Chaith tusa coraintín fada i seirbhís an fhocail
ag cartadh chré na céille is ag cáitheadh aisti an chogail.
Go leanair buan i mbun na tóra le súil nach údar drogaill
an beart nach miste: breith ar an saol
is fáisceadh scrogaill.

16 Feabhra 1997

Dán Baiste

(*do Chóilín Máirtín*)

Gaireann muid Colm —
gaiscíoch na síochána,
na cille.

Gaireann muid Colmán —
ainm is dual
don naíon nach bhfuil mór.

Gaireann muid Cóil —
ainm a bhaistear le teann ceana
in iarthar Éireann.

Gaireann muid Cóilín —
le neart-teann ríméid
is grá dár bhféirín.

Aibreán 1997

Manhattan

Faoi choimirce Chilléin a sheolaim os cionn
na néalta liatha –

uatha uaigneach d'uireasa cúraim chlainne nach riabhach.

Ar bhruach Abhainn Hudson a luífead anocht gan glia,

i bhfochair gaoil chleamhnais nach leigheasfar
a ghalar ag lianna.

Anoir a thriall is an Almáin ina fásach,

thréig an inis is an insce dhúchais ghrámhar.

Neadaigh i nduibhe, i ndoinne, i ndúiche Harlem amhra

is shaothraigh an uile thrá gur naisc le hÚna Ní Eocha
i snaidhm tar éis samhraidh

a mhair trí scór bliain idir gharbh is mhín gur scar
an t-éag ó chéile

an lánúin gan sliocht a gheal ár saol le fuíoll na bhfuíoll
is le féile.

Go neadaí an bheirt faoi scáth an Uain

Is ar deis go raibh siad ar Lá an Luain.

12 Iúil 1997 & 29 Eanáir 2003

Duanóg an Phósta

*(Do Mhaev agus Kevin. Níor mhiste fonn – eaglasta –
a chur leis an duanóg.)*

Cion is gean is grá is searc go buan —
bheith dílis duit sin é, dar Dia, a bhfuil uaim.
Go maire muid go socair, lách gan gruaim —
sin é mo ghuí is i bParthas bíodh ár gcuan

2 Eanáir 1998

Aodán

Dé an ghrá a lasadh i gcroí na máthar sásta,

lasair an cheana a cothaíodh i mothú an athar ghrámhair,

caor thine na seirce a fadaíodh in ucht an phobail
chásmhair,

nuair a airíodh gur dhán do Sharah is Phádraig T
go tráthúil

duine clainne a gineadh i gcroí na beirte le grásta.

Is géar a ghoill an scéal a sceith ó bhéal go cráite,

nach sáródh Aodán an bhreith is nach maífeadh gaol
ná dáimh

le clanna caoine na háite, Seán Bhriain is Ruairí Beag,
go brách.

Is amhlaidh ab fhearr le hAodán cneasta fanacht feasta

san áit is dual is is dúchas do Chríostaí síoraí seasta:

i bParthas na nGrást i bhfochair Chríost,
is Mhuire is Dé —

go raibh muid féin ina dháil nuair a thiocfas deireadh ré.

27 Feabhra 1998

Céad Chomaoineach Úna

Chuir tú comaoin orainn le do theacht

is muid ag gabháil in aois,

is ba rímhór againn do gháire agus do racht.

Oidí muidne ach is tusa a mhúin dúinn ceacht:

nach bhfuil i maoin ná cumhacht ach baois

is gurb é an grá clainne an ríocht is an slacht.

25 Aibreán 1998

An Chéad Fhaoistin
is an Chéad Chomaoineach

D'inis muid na peacaí go ciúin i nGaeilge bhinn

is glanadh dínn an smál a d'fhág ár n-anam tinn.

D'umhlaigh muid dár n-athair is dár máthair féin go caoin

is gheall nach mbeadh inár bpeataí is nach n-ídeodh
stór ná maoin,

ach anam gléigeal linbh a chothú ionainn choíche,

go bhfeicfeadh muid na flaithis i dteannta Mhuire is Íosa.

Go neartaí Dia an múinteoir a réitigh muid go cóir

is go mbeannaí sé na tuistí a chruinnigh dúinn
neart stóir.

Go gcumhdaí Dia na gasúir is go n-admhaí siad gan gó

a gcreideamh i nDia na glóire choíche is go deo.

28 Aibreán 1998

In Memoriam M F Uí Chonchúir

Inis Díomóin, Inis Meáin, Inis Ealga na nGael go huile —

bhrúcht do ghrá te bruite dhóibh ina thobar líofa tuile.

Is iomaí racht a chuir tú díot, idir dhúthracht,
fhearg is bhuile —

Méid do gheana ar Éirinn faoi deara dhúinn deora áthais
a shileadh.

Cuallacht an Rísigh a d'oil ár sinsir in aimsir gharbh
an éigin

is a chuir maide Éamainn idir iad is ceal léinn —
b'in cumhacht dháiríre ag bráthair!

Go dtuga Dia gur fás is dán don Ord dar de
Mícheál Fearghas is nach ea tréigean.

B'shin duais ab fhearr ná an crannchur féin
ag gach uile leanbh, athair is mháthair.

17 Meán Fómhair 1998

Sorcha

(ar chothrom a lae beirthe)

Sé bliana fada a thóg sé orainn ár ngrá dhuit
a chur i ndán:

Is saibhride muid do theacht inár measc,
do spreac is do chroí lán.

Nár thé tú uainn gan teacht ar ais, nár chleachta tú
díth ná fán;

is má théann tú uainn seal nóiméid féin go dtaga
tú chugainn slán.

Gile linn ná an sneachta féin do mhéin is d'anam án —

Ní bréag é a rá le gean is le grá gur tusa ár gcailín bán.

17 Meán Fómhair 1998

29

Máirín agus Conor

Maith sibh, a lánúin mhisniúil, a ghabhfas ród an duine:

áille na háille le fáisceadh agaibhse as cúram clainne,

iarracht ar fónamh is dual ar aithris Sheosaimh is Mhuire.

Rochtain parthais bhur ndán i gcuideachta
an Ghlóir nach gainne

íocshláinte ná a bhféadfaí a shamhlú de luibheanna
leighis na cruinne.

Ná ceiligí bhur searc ar aon ach bígí i gcónaí lách –

casaigí i bpáirt bhur stéibh is déanaigí den seang an sách.

Osna féin má ligeann, ní bhascfar sibh go brách –

ní shin le rá nach gcaithfear fulaingt –
sin é cinniúint cách.

Ordaím daoibh a bheith fíor is cóir is sona is cneasta –

roimh dhul in éag daoibh féin beidh meas ar shliocht
bhur sleachta!

Meitheamh 1999

Pól Dara

(*ar Chothrom a Lae Breithe, 10 Lúnasa 1999*)

Páirtíocht dheas na huaire sona –

ólaimis deoch go sásta is ní go dona.

Lá beirthe ár gcarad bliain is fiche is an lá seo –

dar brí an leabhair gur feilteach dúinn is gur tráthúil

an lá a chomóradh le hamhrán, damhsa, ceol is dán.

Ragairne ní mholfainn ach cóisir go cinnte is cóir.

Anocht is rí ar shonas Pól is go maire sin go dtí an lá bán.

Comóradh Deich mBliana Fichead
ar Bhunú Scoil Neasáin

Scoláireacht a fháisctear as umhlaíocht

chóir do Rí an fhocail bheo –

ós é sin ár mian, gan dúlaíocht

i gcroí ná i méin, ná loicimis go deo.

Leanaimis an Máistir go fíor, go cneasta, gan gó.

Neasán féin go ciúin ar ár gcúl –

eaglais dhílis ag cothú an iúil.

Aoibhinn dúinn a fuair deis gan súil

saothrú i léannghort na n-úll;

álainn ár nGaeltacht féin

i gcathair cois Life, is go maire ár séan.

Nár laga Dia ár n-oidhreacht ag baile ná i gcéin.

18 Meán Fómhair 1999

Fear an Dá Mhíle

Is é Fear an Dá Mhíle a mhaireas go beo. Is é Fear an Dá
    Mhíle a leanfad go deo.
D'oscail sé mo shúile féin 'gus scaip go brách an ceo,
is gheall sé domsa is duitse an saol nár dhán
    dó choíchin dreo.

Creidtear thoir is creidtear thiar a shoiscéal siúd,
    an scéal gan fiar.
Ó thuaidh is ó dheas, gan cam gan cleas, maítear gurb é
    a scéal atá deas.
Shiúil sé ar an uisce íon is d'fhág sé cinnte dearfa rian.
Go gcreidfí é is go leanfaí é – b'shin é féin a thoil
    is a mhian.

Is é Fear an Dá Mhíle a mhaireas go beo. Is é Fear
    an Dá Mhíle a leanfad go deo.
D'oscail sé mo shúile féin is scaip go brách an ceo,
is gheall sé domsa is duitse an saol nár dhán
    dó choíchin dreo.

Cá bhfuil an ceart is cá bhfuil an chóir? Is é Íosa féin
    a d'fhág againn stór.
Is é a rinne an fíon den uisce leamh, is é a ghlan
    an lobhar dá mhíle screamh.
Ghlaoigh sé chuige an dá fhear déag is scaip siad siúd
    a scéal go héag.
Is dhaingnigh siad go buan is go tréan an t-earra fíor
    in áit na mbréag.

Is é Fear an Dá Mhíle a mhaireas go beo. Is é Fear
    an Dá Mhíle a leanfad go deo.
D'oscail sé mo shúile féin is scaip go brách an ceo,
is gheall sé domsa is duitse an saol nár dhán dó
    choíchin dreo.

Is é Íosa a thóg an fear ón mbás – rinne sé sin gan mairg
    gan cás.
Leigheas sé an gasúr cráite tinn, is bheannaigh sé an slua
    de ghlór lách mín.
In ainm an Athar is ea a réitigh sé an cás, is chuir an síol
    ar dhual dó fás.
Beannú an fhíona is beannú an aráin – sin é a d'fhág sé
    againn mar ghnás.

Is é Fear an Dá Mhíle a mhaireas go beo. Is é Fear
    an Dá Mhíle a leanfad go deo.
D'oscail sé mo shúile féin is scaip go brách an ceo,
is gheall sé domsa is duitse saol nár dhán dó
    choíchin dreo.

Feallmharaíodh eisean ar ár son 'gus cuireadh é
    Dé hAoine
ach sháraigh sé an bás is cheannaigh lucht na caime.
Gairim Rí na nGrást is molaim é ar a chaoine,
in ainneoin gach a ndearna siad, gur shábháil sé
    na daoine.

Is é Fear an Dá Mhíle a mhaireas go beo. Is é Fear
    an Dá Mhíle a leanfad go deo.
D'oscail sé mo shúile féin is scaip go brách an ceo,
is gheall sé domsa is duitse saol nár dhán dó
    choíchin dreo.

Samhain 1999

Éire na Mílaoise

A Éire, ó, a Éire, is tú grá geal mo chroí.
Go raibh againn an tsíocháin chóir is sonas geal an Rí.

Curfá
Muintir na Seanchille, Westminster, is na bhFál,
d'éist siad leis an gcantal, is réitigh siad an cás
le dóchas, creideamh is cneasú a shlánós chuile ghábh.

Laighnigh fear is ban, le neart is spreac gan gó,
ó, ruaigfidh siad go cinnte ganntan is chuile stró.

Fir is mná na Mumhan i mbun amhrán, damhsa is spraoi –
neartaíonn siad ár misneach is spreagann muid chun guí.

Curfá
Muintir na Seanchille, Westminster, is na bhFál,
d'éist siad leis an gcantal, is réitigh siad an cás
le dóchas, creideamh is cneasú a shlánós chuile ghábh.

Labhraíonn Connachta i gcónaí le hamhrán fiáin go fíor
a leigheasas croíthe dúra go bródúil is de shíor.

Is í Ulaidh an stór as cuimse, an taisce, an tseoid ar leith,
a thairgeas dúinn mar chine, an athbheochan, an athbhreith.

Curfá
Muintir na Seanchille, Westminster is na bhFál,
d'éist siad leis an gcantal is réitigh siad an cás
le dóchas, creideamh is cneasú a shlánós chuile ghábh.

A Éire, ó, a Éire, is tú grá geal mo chroí.
Go raibh againn an tsíocháin chóir is sonas geal an Rí.

Uachtarán na hÉireann

M'anam go sáraíonn an grá gach uile chrá.
Arán na beatha go leatha i bhfad ár ngrán
in Éirinn án is thar lear, gach uile oíche agus lá.
Rí na ríthe go moltar in amhrán is i ndán –
eisean a d'fhóir ar Éirinn, eisean a d'aithin ár ngá.

Meabhraigh anois is smaoinigh ar bhail an duine fáin.
Hóbair dúinn go huile titim is cliseadh go dona
in uair an cháis, is ar fhód an bháis go bhfágfaí an cine
i sáinn –
cé gur dual dúinn fail is go cinnte seans a bheith sona.

Glaoigh, nuair is féidir, ar chúnamh carad is Dé.
Hóra, a dhuine, ní gan fuinneamh a chlaochlófar an saol,
is in ainneoin na linne agus chlaoine is chrá na ré,
oscail do shúile is plúchfaidh drúcht na ngrást an baol.
Labhraím féin sa cheart is dúisím gan doicheall an plé.
Lean thusa go seasta is go buan den bhóithrín caol,
a chara na n-árann, mise i mbannaí, nach dtiocfair
ar strae.

Í álainn go fíor, inis íon gan gó, oileán séanmhar,
Ós é sin ár n-aisling is ár bhfís do thír na hÉireann,
stiúraigh í is cumhdaigh í go cóir ar son an chine
as gean ar Ghaeil is ar Ghaill is go cinnte ar Mhac
an duine.

*(ar ócáid chuairt Mháire Mhic Ghiolla Íosa,
Uachtarán na hÉireann, ar Choláiste Phádraig,
Droim Conrach, Dé hAoine, 4 Feabhra 2000.)*

Tá Júda Mheáirt Leathchéad Inniu

Jab nach deacair thusa a mholadh –
úillín órga do ghaolta cleamhnais is fola –
d'imeacht ón mbaile in aois an-óg
a d'fhág do dhream go dona ar uireasa póg.

Máire Mhaidhcil a d'imigh Dé hAoine.
Hóra, ceol is cóir go fóill is ní hea caoineadh.
Éist is aireoidh tú Dia na bhfeart –
áthas air gur thriall sí abhaile ceart.
Impím air le neart-teann guibhe
réiteach a fháil ar chuile chás go cuibhe –
tart na córa, go dtaga sé roimhe.

27 Aibreán 2000

Ar ghabháil faoi Láimh Easpaig
d'Odharnait Fionnabhair Ní Mhuirí

Ó thús go deireadh do ré,
go lonnaí an Spiorad ionat.
Cumhdach Mhuire is Dé
inniu is choíche umat.

26 Bealtaine 1999

I gcuimhne ar Mhícheál Dara

(*a bádh Dé Sathairn, 25 Samhain 2000. Requeiscat in pace.*)

Múin dúinn foighde, a Thiarna, in éagmais chorp
an ógfhir.

Íocshláinte is faoiseamh as cuimse a theacht faoi thír le
pógadh.

Caoine Mhícheáil a mhaím in aghaidh gairbhe is fórsa ólaí.

Haras, hulach halach is hútharnach na mara móire –

eatharla gan choinne Garraí an Iascaire is
ní hea lóchrann.

Áras ar neamh go raibh ag Mícheál is coimirce i gcónaí –

lasadh a réalta os cionn an oileáin go soilseach cóir dúinn.

Dánta is amhráin is aithisc is lag iad in éagmais an duine

a rinne an cinneadh fóirithint gan choinne
in éadan toinne.

Rabharta a shaoil ina mhallmhuir is caoineadh
ar fud na cruinne,

a Dhia, anois, tarrthaigh an cine a sháraigh seal na broinne.

5 Nollaig 2000

39

Dán Vailintíneach do m'iníon Sorcha

Sonas is binneas is gile gan teorainn,
ortsa is orainn a bhronn Dia na glóire –
rugadh gan choinne thú i gceartlár an fhómhair.
Creidim go daingean is dearbhaím gur dóigh liom,
hóra, a dhuine na n-árann, gur tú mo stóirín,
a ghealas mo chroí is a bhaineas gach stró díom.

14 Feabhra 2001

Dán Vailintíneach do m'iníon Úna

Úire, is deise is gile is grásta is dual duit.
Ná santaigh an saol ach ceart is cóir mar stór,
a ghrá is a rún, is tusa a thuill sár-dhuais uainn.

14 Feabhra 2001

Dán Vailintíneach do mo bhean Máirín

Mairim ar son do ghrá is go deimhin féin dá bharr.
Áras is mian liom a thaithí - cuan geal do chroí.
Inis, oileán, í, é, tearmann nach duairc is nach táir.
Réiteoidh Dia gach gábh is beidh againn dílse chroí.
Ídíodh muid ár ré ag cothú suáilce nach náir.
Neadóidh Dia inár lár misneach, caoine is spraoi.

14 Feabhra 2001

Dán molta in ómós
don Ardeaspag Deasún Ó Conaill

(ar bronnadh Caipín an Chairdinéil air Dé Céadaoin,
an 21 Feabhra 2001. Buíochas le Dia.)

Caipín dearg is cóir don té a sheas ceart don bheo
a gineadh i gcruth Mhac Dé is dár dlite cumhdach go deo
i mbroinn na máthar féin is i gcaitheamh an tsaoil, gan
     gó.
Réitíodh Éire tinte is cóisir bhia i do chomhair,
dar brí an leabhair gur dual do Dhuibhlinn cairdinéal
is in ainneoin Ard Mhacha a bheith caillte is iontach é
     mar scéal.
Ná buair do cheann faoi olc na meán ach braith
     ar chine Gael –
éist le lucht an chantail bhig is síothlóidh glam a mbéal
ar aithris Íosa sáróidh tusa lucht na mbréag
lá breá éigin is dán do lucht do cháinte an t-éag.

Dia an treoraí cóir ar dual dó glóir go leor,
eisean faoi dear go ndearna a Mhac as uisce fíon.
A lán dá ndearnadh d'Íosa is é a thúsaigh sileadh
     ár ndeor –
Sampla: Sátan á shaighdeadh i gcoinne a Athar i
     mbruíon.
Uirísle Íosa a sháraigh an domhan – sin ceacht don duine
nach miste a chur os ard le neart is spreac go fuineadh.

Ó bhó, ní bhaintear meabhair as iompar easumhal cine.

Carthanas – suáilce is geal le Dia, le Gaeil is Gallaibh,
ola ar chroí Mhac Dé go neartaítear ar talamh
náisiún caoin na naomh is go dtreoraítear go caladh
a lán dá mbíodh ar strae de bharr droch-chomhairle
    is dalladh
in Éirinn án is thar lear, is go sealbhaí siad na grásta.
Léitear dóibh an soiscéal síor gan locht gan vásta is
lastar dóibh an choinneal a threorós iad go sásta.

5 Márta 2001

43

Céad Chomaoineach Shorcha

Gealann an ghrian inniu ar lá do Chéad Chomaoineach

Is moillíonn Íosagán faoi dhíon glan glé do chroíse.

Ocht mbliana fada is tuilleadh ó thriall tú chun an tí seo

Is thug tú leat go cinnte áille agus gile agus míne
agus caoine.

Go gcumhdaí Dia an tAthair thú, Mac Dé
is a Mháthair Muire,

Is iarraimse ort aon achainí: go bhfreagraí tú dá gcuireadh –

Bheith umhal is cóir is múinte is lách le gach uile dhuine

Chúns mhairfeas tú ar an saol seo nó arís ar neamh
go bhfillfir.

28 Aibreán 2001

Carghas

Céadaoin an Luaithrigh

Gile sheaca ina brat geanmnaí ar bhreacadh síor an lae
is dúisíonn daoine chun athiarrachta in earrach is in earr a ré.
Buaileann tonnta mara cneasta ar dhuirling thais gan strae –
cartar i ngarraí mianta is fionntar laigí de gach uile ghné.

Casann roth an tsaoil de shíor is fíortar feart is feall
in allas leamh na ré a gcartann fir gan Cré i ngeall
ar éigean cine a fágadh dall de bharr na milliún breall.
Clingeann cloigín síor a n-éag, mo léan, abhus is thall.

Ídíonn suaraíl ár gcionta féin an aisling shéin, an fhís
a bhrostaigh muid chun tís de roghain ar bheith inár ndís.
Cliseann léargas grinn in ainneoin fuílleach leabhar is gaois
na sean a chleachtadh, ná tagadh orainn scaití ach straois.

Hadhcú i gcuimhne ar Mhícheál Ó hAirtnéide

Slán leat, a Mhichíl ghrinn.
As gairfean insce,
d'fháiscis fírinne mhín.

Anna Bheag Mhaidhcil

Aingeal rua anoir ón Rómáin!
Nach iontach is nach feiliúnach tráthúil do theacht?
Nár lige Dia go dtitfeadh gruamán
anuas ar fhís de do shórt is de do shlacht.

Nádúr gach cine gean a thabhairt
is dar brí an leabhair is duitse is dán
ceol is damhsa is chuile shórt.

Láiche is gile is ruaichte in éineacht
orainn uilig a thálas ádh.
Creid uaimse, a Mhihaela, gur fearrde an saol do theacht.
hóbair dúinn cliseadh gur nocht do ghrá –
labhraíonn searc trí chanúint na súl.
Aisce m'amhrán nach údar crá –
inis dhuairc Éire gur thriall an t-órchúl.
Ná creid a mhalairt go bruinne an bhrátha.
Neartaigh ionainn, a Anna, cion go deo deo.

18 Nollaig 2001

47

Ardvailintín

Airím in aimsir an anó anáil álainn do ghrá –

rún de rúin na reann do ráiteas righin gan chrá.

Dearbhaím nach daingean druidte is nach
dúnfort damanta plá,

valait ná vís ná vásta ná vearnais ná véarsaíocht gan fáth

ach áille is aiteas is aoibhneas, áine is aisling go brách.

Inseacht íon nach iamhar iasachta imreasach ach lách,

Laidin líofa lasartha leochaileach nach lodartha ag cách.

Iníon inniúil ionmhain íogair ionnúsach nach gnách.

Nuachair nádúrtha niamhrach – neach neamhaí ádhach.

Tine is toirneach is taise is trua is tabhartas diaga.

Íocshláinte iontach nach n-ídíonn a híobairt
in íospairt choíche.

Níl ní faoi neamh nach n-admhaíonn neach
le nádúr naofa.